LETTERS & NUMBERS

LETTERS & NUMBERS

Play and learn to read and write in numbers

Roel Pimentel Ortiz

Para hacer pedidos de copias adicionales de este libro, por favor contactar con:
Palibrio
1663 Liberty Drive, Suite 200
Bloomington, IN 47403
Para llamadas desde los EE.UU 877.407.45847
Para llamadas internacionales +1.812.671.9757
Fax: +1.812.355.1576
ventas@palibrio.com
379880

This hobby of mine, takes me into the direction of reviving the idiom or language in numbers, because my vision is directed by a universal communication in a near future not far away from now. This is what comes out of my heart; "The hope to be able to communicate with you in numbers."

To be able to see some children reading and writing in numbers so they can show their parents and grandparents how they are able to write their names in numbers.

I, Roel Pimentel Ortiz guarantee you that in one hour you can learn to read and write with numbers, 100% without distinction of sex, race or religious beliefs.

INSTRUCTIONS

1. The alphabet in English, French, Portuguese, German, Italian, and Holland. It is made of (26) letters while the alphabet in Spanish is made of (28) letters.
2. For each letter is (1) edition different you can write the same and different numbers etc. etc
3. The alphabet is completely insufficient in numbers progressive and coordination.
4. There are (4) four different forms of how to entertain

EXAMPLE

EDITION (1)

L	O	V	E
12	15	22	5

EDITION (26)

L	O	V	E
15	12	5	22

A	B	C	D	E	F
1	2	3	4	5	6
G	H	I	J	K	L
7	8	9	10	11	12
M	N	O	D	Q	R
13	14	15	16	17	18
S	T	U	V	W	X
19	20	21	22	23	24
Y	Z				
25	26				

Z	Y	X	W	V	U
1	2	3	4	5	6
T	S	R	Q	P	O
7	8	9	10	11	12
N	M	L	K	J	I
13	14	15	16	17	18
H	G	F	E	D	C
19	20	21	22	23	24
B	A				
25	26				

EXAMPLE

WRITE IN LETTERS THE NAMES OF TREES
CEDAR   3 5 4 1 18
PINE   16 9 14 5

WRITE IN NUMBERS THE NAMES OF FLOWERS

10 1 19 13 9 14 5   JASMINE
                       GARDENIA

MARK WITH A ARROW THE NAMES OF THE ANIMALS

TIGER   2 5 1 18
LION   6 15 24
BEAR   20 9 7 5 18
FOX   12 9 15 14

FIND IN THE PICTURE NUMBERS THE NAMES OF THE REPTILES

CROCODILE   1 3 23 3 15 3 18 1 21 7 20 7
LIZAR   7 1 15 2 18 1 5 17 4 9 8 23
COBRA   21 4 17 3 16 8 18 22 26 21 8 3
ADDER   18 4 4 5 1 16 3 13 11 1 9 11
                     157 2 1 9 11 23 4 16 19 25 4 4
                     5 5 5 12 9 4 15 3 15 18 3

Roel Pimentel. O

ORACIÓN

Hay trances en la vida de un hombre
como en el caso mío
en que llegamos a una altura
en que sobre nosotros esta dios
es entonces cuando nos damos cuenta
Clara de la misión del hombre
sobre la tierra
luchar por el bien de nuestros semejantes
por los débiles
por la unión de los hombres de buena fe
y para aplastar las injusticias
que se cometen en contra del humilde
Señor y padre mío
concédeme la gracia divina
de tu santa misericordia
porque veo que se vienen abajo
tantos valores de la civilización
humana y han perdido el temor de ti
padre mío;

ROEL PIMENTEL ORTIZ
20 DE SEPTIEMBRE, 2008

Letters & Numbers

1	2	3	4	5	6	7	8	9	10
A	B	C	D	E	F	G	H	I	J
B	A	C	D	E	F	G	H	I	J
C	B	A	D	E	F	G	H	I	J
D	C	B	A	E	F	G	H	I	J
E	D	C	B	A	F	G	H	I	J
F	E	D	C	B	A	G	H	I	J
G	F	E	D	C	B	A	H	I	J
H	G	F	E	D	C	B	A	I	J
I	H	G	F	E	D	C	B	A	J
J	I	H	G	F	E	D	C	B	A
K	J	I	H	G	F	E	D	C	B
L	K	J	I	H	G	F	E	D	C
M	L	K	J	I	H	G	F	E	D
N	M	L	K	J	I	H	G	F	E
O	N	M	L	K	J	I	H	G	F
P	O	N	M	L	K	J	I	H	G
Q	P	O	N	M	L	K	J	I	H
R	Q	P	O	N	M	L	K	J	I
S	R	Q	P	O	N	M	L	K	J
T	S	R	Q	P	O	N	M	L	K
U	T	S	R	Q	P	O	N	M	L
V	U	T	S	R	Q	P	O	N	M
W	V	U	T	S	R	Q	P	O	N
X	W	V	U	T	S	R	Q	P	O
Y	X	W	V	U	T	S	R	Q	P
Z	Y	X	W	V	U	T	S	R	Q

ENGLISH ALPHABET

K	11	L	12	M	13	N	14	O	15	P	16	Q	17	R	18	S	19	T	20
K	11	L	12	M	13	N	14	O	15	P	16	Q	17	R	18	S	19	T	20
K	11	L	12	M	13	N	14	O	15	P	16	Q	17	R	18	S	19	T	20
K	11	L	12	M	13	N	14	O	15	P	16	Q	17	R	18	S	19	T	20
K	11	L	12	M	13	N	14	O	15	P	16	Q	17	R	18	S	19	T	20
K	11	L	12	M	13	N	14	O	15	P	16	Q	17	R	18	S	19	T	20
K	11	L	12	M	13	N	14	O	15	P	16	Q	17	R	18	S	19	T	20
K	11	L	12	M	13	N	14	O	15	P	16	Q	17	R	18	S	19	T	20
K	11	L	12	M	13	N	14	O	15	P	16	Q	17	R	18	S	19	T	20
K	11	L	12	M	13	N	14	O	15	P	16	Q	17	R	18	S	19	T	20
A	11	L	12	M	13	N	14	O	15	P	16	Q	17	R	18	S	19	T	20
B	11	A	12	M	13	N	14	O	15	P	16	Q	17	R	18	S	19	T	20
C	11	B	12	A	13	N	14	O	15	P	16	Q	17	R	18	S	19	T	20
D	11	C	12	B	13	A	14	O	15	P	16	Q	17	R	18	S	19	T	20
E	11	D	12	C	13	B	14	A	15	P	16	Q	17	R	18	S	19	T	20
F	11	E	12	D	13	C	14	B	15	A	16	Q	17	R	18	S	19	T	20
G	11	F	12	E	13	D	14	C	15	B	16	A	17	R	18	S	19	T	20
H	11	G	12	F	13	E	14	D	15	C	16	B	17	A	18	S	19	T	20
I	11	H	12	G	13	F	14	E	15	D	16	C	17	B	18	A	19	T	20
J	11	I	12	H	13	G	14	F	15	E	16	D	17	C	18	B	19	A	20
K	11	J	12	I	13	H	14	G	15	F	16	E	17	D	18	C	19	B	20
L	11	K	12	J	13	I	14	H	15	G	16	F	17	E	18	D	19	C	20
M	11	L	12	K	13	J	14	I	15	H	16	G	17	F	18	E	19	D	20
N	11	M	12	L	13	K	14	J	15	I	16	H	17	G	18	F	19	E	20
O	11	N	12	M	13	L	14	K	15	J	16	I	17	H	18	G	19	F	20
P	11	O	12	N	13	M	14	L	15	K	16	J	17	I	18	H	19	G	20

ENGLISH ALPHABET

U 21	V 22	W 23	X 24	Y 25	Z 26
U 21	V 22	W 23	X 24	Y 25	Z 26
U 21	V 22	W 23	X 24	Y 25	Z 26
U 21	V 22	W 23	X 24	Y 25	Z 26
U 21	V 22	W 23	X 24	Y 25	Z 26
U 21	V 22	W 23	X 24	Y 25	Z 26
U 21	V 22	W 23	X 24	Y 25	Z 26
U 21	V 22	W 23	X 24	Y 25	Z 26
U 21	V 22	W 23	X 24	Y 25	Z 26
U 21	V 22	W 23	X 24	Y 25	Z 26
U 21	V 22	W 23	X 24	Y 25	Z 26
U 21	V 22	W 23	X 24	Y 25	Z 26
U 21	V 22	W 23	X 24	Y 25	Z 26
U 21	V 22	W 23	X 24	Y 25	Z 26
U 21	V 22	W 23	X 24	Y 25	Z 26
U 21	V 22	W 23	X 24	Y 25	Z 26
U 21	V 22	W 23	X 24	Y 25	Z 26
U 21	V 22	W 23	X 24	Y 25	Z 26
A 21	V 22	W 23	X 24	Y 25	Z 26
B 21	A 22	W 23	X 24	Y 25	Z 26
C 21	B 22	A 23	X 24	Y 25	Z 26
D 21	C 22	B 23	A 24	Y 25	Z 26
E 21	D 22	C 23	B 24	A 25	Z 26
F 21	E 22	D 23	C 24	B 25	A 26

13

SPANISH ALPHABET

	1	2	3	4	5	6	7	8	9	10
A	A	B	C	D	E	F	G	H	I	J
B	B	A	C	D	E	F	G	H	I	J
C	C	B	A	D	E	F	G	H	I	J
D	D	C	B	A	E	F	G	H	I	J
E	E	D	C	B	A	F	G	H	I	J
F	F	E	D	C	B	A	G	H	I	J
G	G	F	E	D	C	B	A	H	I	J
H	H	G	F	E	D	C	B	A	I	J
I	I	H	G	F	E	D	C	B	A	J
J	J	I	H	G	F	E	D	C	B	A
K	K	J	I	H	G	F	E	D	C	B
L	L	K	J	I	H	G	F	E	D	C
LL	LL	L	K	J	I	H	G	F	E	D
M	M	LL	L	K	J	I	H	G	F	E
N	N	M	LL	L	K	J	I	H	G	F
Ñ	Ñ	N	M	LL	L	K	J	I	H	G
O	O	Ñ	N	M	LL	L	K	J	I	H
P	P	O	Ñ	N	M	LL	L	K	J	I
Q	Q	P	O	Ñ	N	M	LL	L	K	J
R	R	Q	P	O	Ñ	N	M	LL	L	K
S	S	R	Q	P	O	Ñ	N	M	LL	L
T	T	S	R	Q	P	O	Ñ	N	M	LL
U	U	T	S	R	Q	P	O	Ñ	N	M
V	V	U	T	S	R	Q	P	O	Ñ	N
W	W	V	U	T	S	R	Q	P	O	Ñ
X	X	W	V	U	T	S	R	Q	P	O
Y	Y	X	W	V	U	T	S	R	Q	P
Z	Z	Y	X	W	V	U	T	S	R	Q

SPANISH ALPHABET

K	11	L	12	LL	13	M	14	N	15	Ñ	16	O	17	P	18	Q	19	R	20
K	11	L	12	LL	13	M	14	N	15	Ñ	16	O	17	P	18	Q	19	R	20
K	11	L	12	LL	13	M	14	N	15	Ñ	16	O	17	P	18	Q	19	R	20
K	11	L	12	LL	13	M	14	N	15	Ñ	16	O	17	P	18	Q	19	R	20
K	11	L	12	LL	13	M	14	N	15	Ñ	16	O	17	P	18	Q	19	R	20
K	11	L	12	LL	13	M	14	N	15	Ñ	16	O	17	P	18	Q	19	R	20
K	11	L	12	LL	13	M	14	N	15	Ñ	16	O	17	P	18	Q	19	R	20
K	11	L	12	LL	13	M	14	N	15	Ñ	16	O	17	P	18	Q	19	R	20
K	11	L	12	LL	13	M	14	N	15	Ñ	16	O	17	P	18	Q	19	R	20
K	11	L	12	LL	13	M	14	N	15	Ñ	16	O	17	P	18	Q	19	R	20
A	11	L	12	LL	13	M	14	N	15	Ñ	16	O	17	P	18	Q	19	R	20
B	11	A	12	LL	13	M	14	N	15	Ñ	16	O	17	P	18	Q	19	R	20
C	11	B	12	A	13	M	14	N	15	Ñ	16	O	17	P	18	Q	19	R	20
D	11	C	12	B	13	A	14	N	15	Ñ	16	O	17	P	18	Q	19	R	20
E	11	D	12	C	13	B	14	A	15	Ñ	16	O	17	P	18	Q	19	R	20
F	11	E	12	D	13	C	14	B	15	A	16	O	17	P	18	Q	19	R	20
G	11	F	12	E	13	D	14	C	15	B	16	A	17	P	18	Q	19	R	20
H	11	G	12	F	13	E	14	D	15	C	16	B	17	A	18	Q	19	R	20
I	11	H	12	G	13	F	14	E	15	D	16	C	17	B	18	A	19	R	20
J	11	I	12	H	13	G	14	F	15	E	16	D	17	C	18	B	19	A	20
K	11	J	12	I	13	H	14	G	15	F	16	E	17	D	18	C	19	B	20
L	11	K	12	J	13	I	14	H	15	G	16	F	17	E	18	D	19	C	20
LL	11	L	12	K	13	J	14	I	15	H	16	G	17	F	18	E	19	D	20
M	11	LL	12	L	13	K	14	J	15	I	16	H	17	G	18	F	19	E	20
N	11	M	12	LL	13	L	14	K	15	J	16	I	17	H	18	G	19	F	20
Ñ	11	N	12	M	13	LL	14	L	15	K	16	J	17	I	18	H	19	G	20
O	11	Ñ	12	N	13	M	14	LL	15	L	16	K	17	J	18	I	19	H	20
P	11	O	12	Ñ	13	N	14	M	15	LL	16	L	17	K	18	J	19	I	20

SPANISH ALPHABET

Letters & Numbers

EDITION # 1

A	B	C	D	E	F		
1	2	3	4	5	6		
G	H	I	J	K	L		
7	8	9	10	11	12		
M	N	O	P	Q	R		
13	14	15	16	17	18		
S	T	U	V	W	X	Y	Z
19	20	21	22	23	24	25	26

WRITE IN NUMBERS THE NAMES OF TREES

ASH TREE   1   19   8   20   18   5   5
BIRCH
CEDAR
FIR TREE
MAGNOLIA
OAK
PINE
POPLAR
WALNUT TREE
WEEPING WILLOW

EDITION # 2

B	A	C	D	E	F		
1	2	3	4	5	6		
G	H	I	J	K	L		
7	8	9	10	11	12		
M	N	O	P	Q	R		
13	14	15	16	17	18		
S	T	U	V	W	X	Y	Z
19	20	21	22	23	24	25	26

WRITE IN NUMBERS THE NAMES OF FLOWERS

JASMINE
GARDENIA
GERANIUM
POPPY
ROSE
SUNFLOWER
CARNATION

Letters & Numbers

EDITION # 3

C	B	A	D	E	F		
1	2	3	4	5	6		
G	H	I	J	K	L		
7	8	9	10	11	12		
M	N	O	P	Q	R		
13	14	15	16	17	18		
S	T	U	V	W	X	Y	Z
19	20	21	22	23	24	25	26

MARK WITH A ARROW THE NAMES OF ANIMALS

ZEBRA	6	15	24		
TIGER	12	5	15	16	3	18
WOLF	12	9	15	14		
LION	26	5	2	18	3	
LEOPARD	23	15	12	6		
FOX	20	9	7	5	18	

EDITION # 4

D	C	B	A	E	F		
1	2	3	4	5	6		
G	H	I	J	K	L		
7	8	9	10	11	12		
M	N	O	P	Q	R		
13	14	15	16	17	18		
S	T	U	V	W	X	Y	Z
19	20	21	22	23	24	25	26

FIND IN THE PICTURE NUMBERS THE NAMES OF THE REPTILES

CROCODILE	10	25	7	20	3	1	26	9	35	2
ALLIGATOR	2	15	3	18	4	21	3	8	4	17
LIZARD	12	7	4	1	10	5	9	19	13	3
SNAKE	9	16	2	9	22	15	7	4	8	11
ADDER	26	4	21	5	12	7	9	6	18	3
COBRA	4	15	8	17	1	16	19	4	8	7
	18	2	18	15	2	15	1	9	12	5
	1	26	23	11	13	17	21	21	20	11
	20	5	9	24	20	3	7	9	10	22

EDITION # 5

E	D	C	B	A	F		
1	2	3	4	5	6		
G	H	I	J	K	L		
7	8	9	10	11	12		
M	N	O	P	Q	R		
13	14	15	16	17	18		
S	T	U	V	W	X	Y	Z
19	20	21	22	23	24	25	26

WRITE IN NUMBERS THE NAMES OF BIRDS

BIRD   4   9   18   2

BLACK BIRD

CANARY

CARDINAL

PARROT

FALCON

EAGLE

EDITION # 6

F	E	D	C	B	A		
1	2	3	4	5	6		
G	H	I	J	K	L		
7	8	9	10	11	12		
M	N	O	P	Q	R		
13	14	15	16	17	18		
S	T	U	V	W	X	Y	Z
19	20	21	22	23	24	25	26

WRITE IN NUMBERS THE NAMES OF THE INSECTS

ANT
BEE
FLEA
FLY
WASP
CATERPILLAR
SPIDER

EDITION # 7

G	F	E	D	C	B		
1	2	3	4	5	6		
A	H	I	J	K	L		
7	8	9	10	11	12		
M	N	O	P	Q	R		
13	14	15	16	17	18		
S	T	U	V	W	X	Y	Z
19	20	21	22	23	24	25	26

WRITE IN NUMBERS THE NAMES OF THE COUNTRIES

RUSSIA   18   21   19   19   9   7
ENGLAND
ITALY
JAPAN
GERMANY
FRANCE

EDITION # 8

H	G	F	E	D	C		
1	2	3	4	5	6		
B	A	I	J	K	L		
7	8	9	10	11	12		
M	N	O	P	Q	R		
13	14	15	16	17	18		
S	T	U	V	W	X	Y	Z
19	20	21	22	23	24	25	26

WRITE IN NUMBERS THE NAMES OF THE MONTHS

JANUARY   10   8   14   21   8   18   27

FEBRUARY

MARCH

APRIL

MAY

JUNE

JULY

EDITION # 9

I	H	G	F	E	D		
1	2	3	4	5	6		
C	B	A	J	K	L		
7	8	9	10	11	12		
M	N	O	P	Q	R		
13	14	15	16	17	18		
S	T	U	V	W	X	Y	Z
19	20	21	22	23	24	25	26

WRITE IN NUMBERS THE NAMES OF THE COLORS

BLACK   8   12   9   7   11
PURPLE
YELLOW
PINK
WHITE
BLUE
GREEN

EDITION # 10

J	I	H	G	F	E		
1	2	3	4	5	6		
D	C	B	A	K	L		
7	8	9	10	11	12		
M	N	O	P	Q	R		
13	14	15	16	17	18		
S	T	U	V	W	X	Y	Z
19	20	21	22	23	24	25	26

WRITE IN NUMBERS THE NAMES OF THE MATERIALS

EARTH   6   10   18   20   3
WATER
FIRE
OIL
GAS
SILVER
GOLD

EDITION # 11

K	J	I	H	G	F		
1	2	3	4	5	6		
E	D	C	B	A	L		
7	8	9	10	11	12		
M	N	O	P	Q	R		
13	14	15	16	17	18		
S	T	U	V	W	X	Y	Z
19	20	21	22	23	24	25	26

WRITE IN NUMBERS THE NAMES OF THE MONEY

PURSE   16   21   18   19   7
WALLET
SAVINGS
BANK
RICH
POOR
BROKE
MILLIONAIRE
BILL
CASH

EDITION # 12

L	K	J	I	H	G		
1	2	3	4	5	6		
F	E	D	C	B	A		
7	8	9	10	11	12		
M	N	O	P	Q	R		
13	14	15	16	17	18		
S	T	U	V	W	X	Y	Z
19	20	21	22	23	24	25	26

WRITE IN NUMBERS THE NAMES OF THE FURNITURE

TABLE	20	12	11	1	8
CUP BOARD					
CHAIR					
BED					
WARDROBE					
DESK					
ARMCHAIR					

EDITION # 13

M	L	K	J	I	H		
1	2	3	4	5	6		
G	F	E	D	C	B		
7	8	9	10	11	12		
A	N	O	P	Q	R		
13	14	15	16	17	18		
S	T	U	V	W	X	Y	Z
19	20	21	22	23	24	25	26

WRITE IN NUMBERS THE NAMES WORKERS

ARTIST	13	18	20	5	19	20	13
BUILDER							
BUTCHER							
CARPENTER							
COOK							
DENTIST							
DOCTOR							
LAWYER							
ELECTRICIAN							

EDITION # 14

N	M	L	K	J	I		
1	2	3	4	5	6		
H	G	F	E	D	C		
7	8	9	10	11	12		
B	A	O	P	Q	R		
13	14	15	16	17	18		
S	T	U	V	W	X	Y	Z
19	20	21	22	23	24	25	26

WRITE IN NUMBERS THE NAMES

IRMA	6	18	2	14
CANDELARIA				
ROEL				
ERICELA				
ROSAURA				
CATALINA				
GLORIA				
RAMON				
FLOYLAN				
NICOLAS				
ROLANDO				

EDITION # 15

O	N	M	L	K	J		
1	2	3	4	5	6		
I	H	G	F	E	D		
7	8	9	10	11	12		
C	B	A	P	Q	R		
13	14	15	16	17	18		
S	T	U	V	W	X	Y	Z
19	20	21	22	23	24	25	26

WRITE IN NUMBERS THE NAMES OF CARS

FORD   10   1   18   12
CHEVROLET
NISSAN
HONDA
TOYOTA
LINCOLN

EDITION # 16

P	O	N	M	L	K		
1	2	3	4	5	6		
J	I	H	G	F	E		
7	8	9	10	11	12		
D	C	B	A	Q	R		
13	14	15	16	17	18		
S	T	U	V	W	X	Y	Z
19	20	21	22	23	24	25	26

WRITE IN NUMBERS THE NAMES OF LAST NAMES

PIMENTEL   1   8   4   12   3   20   12   5

ORTIZ

ARROYO

QUIÑONES

PILLARDO

ESTRADA

RANGEL

PEDRAZA

LAGUNAS

EDITION # 17

Q	P	O	N	M	L		
1	2	3	4	5	6		
K	J	I	H	G	F		
7	8	9	10	11	12		
E	D	C	B	A	R		
13	14	15	16	17	18		
S	T	U	V	W	X	Y	Z
19	20	21	22	23	24	25	26

WRITE IN NUMBERS THE NAMES OF ANIMAL

COW   15   3   23
DOG
HORSE
PIG
CAT
MOUSE
TURTLE

EDITION # 18

R	Q	P	O	N	M		
1	2	3	4	5	6		
L	K	J	I	H	G		
7	8	9	10	11	12		
F	E	D	C	B	A		
13	14	15	16	17	18		
S	T	U	V	W	X	Y	Z
19	20	21	22	23	24	25	26

WRITE IN NUMBERS THE NAMES OF VEGETABLES

POTATO   3   4   20   18   20   4

BEANS

CUCUMBER

ONION

SQUASH

LETTUCE

CELERY

CORN

Letters & Numbers

EDITION # 19

S	R	Q	P	O	N		
1	2	3	4	5	6		
M	L	K	J	I	H		
7	8	9	10	11	12		
G	F	E	D	C	B		
13	14	15	16	17	18		
A	T	U	V	W	X	Y	Z
19	20	21	22	23	24	25	26

WRITE IN NUMBERS THE NAMES OF FRUIT

APPLE   19   4   8   15

WATERMELON

PEAR

CHERRY

GRAPE

LEMON

STRAWBERRY

BANANA

Roel Pimentel Ortiz

EDITION # 20

T	S	R	Q	P	O		
1	2	3	4	5	6		
N	M	L	K	J	I		
7	8	9	10	11	12		
H	G	F	E	D	C		
13	14	15	16	17	18		
B	A	U	V	W	X	Y	Z
19	20	21	22	23	24	25	26

WRITE IN NUMBERS THE NAMES OF CLOTHING

DRESS   17   3   16   2   2
SHIRT
BOOTS
GLOVES
SKIRT
BLOUSE
SHOES
TIE

EDITION # 21

U	T	S	R	Q	P		
1	2	3	4	5	6		
O	N	M	L	K	J		
7	8	9	10	11	12		
I	H	G	F	E	D		
13	14	15	16	17	18		
C	B	A	V	W	X	Y	Z
19	20	21	22	23	24	25	26

WRITE IN NUMBERS THE NAMES OF BUILDINGS

BANK   20   21   8   11
CHURCH
HOSPITAL
MUSEUM
POLICE STATION
LIBRARY
POST OFFICE

EDITION # 22

V	U	T	S	R	Q		
1	2	3	4	5	6		
P	O	N	M	L	K		
7	8	9	10	11	12		
J	I	H	G	F	E		
13	14	15	16	17	18		
D	C	B	A	W	X	Y	Z
19	20	21	22	23	24	25	26

WRITE IN NUMBERS THE NAMES OF TOOLS

HAMMER	15	22	10	10	18	5
LADDER						
SHOVEL						
RAKE						
SCISSORS						
NAIL						
SAW						
SCREWDRIVER						

Letters & Numbers

W	V	U	T	S	R		
1	2	3	4	5	6		
Q	P	O	N	M	L		
7	8	9	10	11	12		
K	J	I	H	G	F		
13	14	15	16	17	18		
E	D	C	B	A	X	Y	Z
19	20	21	22	23	24	25	26

WRITE IN NUMBERS THE THINGS IN THE HOUSE

CURTAINS   21   3   6   4   23   15   10   5
BLENDER
WASHER
TOASTER
OVEN
CABINETS
MOP
MIRROR
BROOM

EDITION #24

X	W	V	U	T	S		
1	2	3	4	5	6		
R	Q	P	O	N	M		
7	8	9	10	11	12		
L	K	J	I	H	G		
13	14	15	16	17	18		
F	E	D	C	B	A	Y	Z
19	20	21	22	23	24	25	26

WRITE IN NUMBERS THE COUNTRY SIDE

BEACH	23	20	24	22	17
COAST					
DESERT					
FOREST					
JUNGLE					
OCEAN					
MOUNTAIN					
RIVER					
SEA					
VALLEY					

Letters & Numbers

EDITION # 25

Y	X	W	V	U	T		
1	2	3	4	5	6		
S	R	Q	P	O	N		
7	8	9	10	11	12		
M	L	K	J	I	H		
13	14	15	16	17	18		
G	F	E	D	C	B	A	Z
19	20	21	22	23	24	25	26

WRITE IN NUMBERS THE NAMES OF FLOWERS

JASMINE   16   25   7   13   17   12   21

GARDENIA

GERANIUM

POPPY

ROSA

CARNATION

DAFFODIL

SUNFLOWER

EDITION # 26

Z	Y	X	W	V	U		
1	2	3	4	5	6		
T	S	R	Q	P	O		
7	8	9	10	11	12		
N	M	L	K	J	I		
13	14	15	16	17	18		
H	G	F	E	D	C	B	A
19	20	21	22	23	24	25	26

WRITE IN NUMBERS THE NAMES OF TREES

ASH TREE   26   8   19   7   9   22   22

BIRCH

MAGNOLIA

POPLAR

WEEPING WILLOW

CEDAR

OAK

PINE

EDITION # 1

A A	A E	A I	A O	A U
1 1	1 5	1 9	1 15	1 21
B A	B E	B I	BOO	B U
2 1	2 5	2 9	2 15	2 21
C A	C E	C I	C O	C U
3 1	3 5	3 9	3 15	3 21
D A	D E	D I	D O	D U
4 1	4 5	4 9	4 15	4 21
E A	E E	E I	E O	E U
5 1	5 5	5 9	5 15	5 21
F A	F E	F I	F O	F U
6 1	6 5	6 9	6 15	6 21
G A	G E	G I	G O	G U
7 1	7 5	7 9	7 15	7 21
H A	H E	H I	H O	H U
8 1	8 5	8 9	8 15	8 21
I A	I E	I I	I O	I U
9 1	9 5	9 9	9 15	9 21

J A	J E	J I	J O	J U
10 1	10 5	10 9	10 15	10 21

K A	K E	K I	K O	K U
11 1	11 5	11 9	11 15	11 21

L A	L E	L I	L O	L U
12 1	12 5	12 9	12 15	12 21

M A	M E	M I	M O	M U
13 1	13 5	13 9	13 15	13 21

N A	N E	N I	N O	N U
14 1	14 5	14 9	14 15	14 21

O A	O E	O I	O O	O U
15 1	15 5	15 9	15 15	15 21

P A	P E	P I	P O	P U
16 1	16 5	16 9	16 15	16 21

Q U A	Q U E	Q U I	Q U O	Q U U
17 21 1	17 21 5	17 21 9	17 21 15	17 21 21

R A	R E	R I	R O	R U
18 1	18 5	18 9	18 15	18 21

S A	S E	S I	S O	S U
19 1	19 5	19 9	19 15	19 21

Letters & Numbers

T A	T E	T I	T O	T U
20 1	20 5	20 9	20 15	20 21
U A	U E	U I	U O	U U
21 1	21 5	21 9	21 15	21 21
V A	V E	V I	V O	V U
22 1	22 5	22 9	22 15	22 21
W A	W E	W I	W O	W U
23 1	23 5	23 9	23 15	23 21
X A	X E	X I	X O	X U
24 1	24 5	24 9	24 15	24 21
Y A	Y E	Y I	Y O	Y U
25 1	25 5	25 9	25 15	25 21
Z A	Z E	Z I	Z O	Z U
26 1	26 5	26 9	26 15	26 21

EDITION # 2

B A	B E	B I	B O	B U
1 2	1 5	1 9	1 15	1 21

A A	A E	A I	A O	A U
2 2	2 5	2 9	2 15	2 21

C A	C E	C I	C O	C U
3 2	3 5	3 9	3 15	3 21

D A	D E	D I	D O	D U
4 2	4 5	4 9	4 15	4 21

E A	E E	E I	E O	E U
5 2	5 5	5 9	5 15	5 21

F A	F E	F I	F O	F U
6 2	6 5	6 9	6 15	6 21

G A	G E	G I	G O	G U
7 2	7 5	7 9	7 15	7 21

H A	H E	H I	H O	H U
8 2	8 5	8 9	8 15	8 21

I A	I E	I I	I O	I U
9 2	9 5	9 9	9 15	9 21

Letters & Numbers

J A	J E	J I	J O	J U
10 2	10 5	10 9	10 15	10 21
K A	K E	K I	K O	K U
11 2	11 5	11 9	11 15	11 21
L A	L E	L I	L O	L U
12 2	12 5	12 9	12 15	12 21
M A	M E	M I	M O	M U
13 2	13 5	13 9	13 15	13 21
N A	N E	N I	N O	N U
14 2	14 5	14 9	14 15	14 21
O A	O E	O I	O O	O U
15 2	15 5	15 9	15 15	15 21
P A	P E	P I	P O	P U
16 2	16 5	16 9	16 15	16 21
Q U A	Q U E	Q U I	Q U O	Q U U
17 21 2	17 21 5	17 21 9	17 21 15	17 21 21
R A	R E	R I	R O	R U
18 2	18 5	18 9	18 15	18 21
S A	S E	S I	S O	S U
19 2	19 5	19 9	19 15	19 21

T A	T E	T I	T O	T U
20 2	20 5	20 9	20 15	20 21
U A	U E	U I	U O	U U
21 2	21 5	21 9	21 15	21 21
V A	V E	V I	V O	V U
22 2	22 5	22 9	22 15	22 21
W A	W E	W I	W O	W U
23 2	23 5	23 9	23 15	23 21
X A	X E	X I	X O	X U
24 2	24 5	24 9	24 15	24 21
Y A	Y E	Y I	Y O	Y U
25 2	25 5	25 9	25 15	25 21
Z A	Z E	Z I	Z O	Z U
26 2	26 5	26 9	26 15	26 21

U A 21 3	U E 21 5	U I 21 9	U O 21 15	U U 21 21
V A 22 3	V E 22 5	V I 22 9	V O 22 15	V U 22 21
W A 23 3	W E 23 5	W I 23 9	W O 23 15	W U 23 21
X A 24 3	X E 24 5	X I 24 9	X O 24 15	X U 24 21
Y A 25 3	Y E 25 5	Y I 25 9	Y O 25 15	Y U 25 21
Z A 26 3	Z E 26 5	Z I 26 9	Z O 26 15	Z U 26 21
O A 15 3	O E 15 5	O I 15 9	O O 15 15	O U 15 21
P A 16 3	P E 16 5	P I 16 9	P O 16 15	P U 16 21
Q U A 17 21 3	Q U E 17 21 5	Q U I 17 21 9	Q U O 17 21 15	Q U U 17 21 21

R A	R E	R I	R O	R U
18 3	18 5	18 9	18 15	18 21
S A	S E	S I	S O	S U
19 3	19 5	19 9	19 15	19 21
T A	T E	T I	T O	T U
20 3	20 5	20 9	20 15	20 21
H A	H E	H I	H O	H U
8 3	8 5	8 9	8 15	8 21
I A	I E	I I	I O	I U
9 3	9 5	9 9	9 15	9 21
J A	J E	J I	J O	J U
10 3	10 5	10 9	10 15	10 21
K A	K E	K I	K O	K U
11 3	11 5	11 9	11 15	11 21
L A	L E	L I	L O	L U
12 3	12 5	12 9	12 15	12 21
M A	M E	M I	M O	M U
13 3	13 5	13 9	13 15	13 21
N A	N E	N I	N O	N U
14 3	14 5	14 9	14 15	14 21

Letters & Numbers

C A	C E	C I	C O	C U
1 3	1 5	1 9	1 15	1 21
B A	B E	B I	B O	B U
2 3	2 5	2 9	2 15	2 21
A A	A E	A I	A O	A U
3 3	3 5	3 9	3 15	3 21
D A	D E	D I	D O	D U
4 3	4 5	4 9	4 15	4 21
E A	E E	E I	E O	E U
5 3	5 5	5 9	5 15	5 21
F A	F E	F I	F O	F U
6 3	6 5	6 9	6 15	6 21
G A	G E	G I	G O	G U
7 3	7 5	7 9	7 15	7 21

EDITION # 4

D A 1 4	D E 1 5	D I 1 9	D O 1 15	D U 1 21
C A 2 4	C E 2 5	C I 2 9	C O 2 15	C U 2 21
B A 3 4	B E 3 5	B I 3 9	B O 3 15	B U 3 21
A A 4 4	A E 4 5	A I 4 9	A O 4 15%	A U 4 21
E A 5 4	E E 5 5	E I 5 9	E O 5 15	E U 5 21
F A 6 4	F E 6 5	F I 6 9	F O 6 15	F U 6 21
G A 7 4	G E 7 5	G I 7 9	G O 7 15	G U 7 21
H A 8 4	H E 8 5	H I 8 9	H O 8 15	H U 8 21
I A 9 4	I E 9 5	I I 9 9	I O 9 15	I U 9 21

Letters & Numbers

J A	J E	J I	J O	J U
10 4	10 5	10 9	10 15	10 21
K A	K E	K I	K O	K U
11 4	11 5	11 9	11 15	11 21
L A	L E	L I	L O	L U
12 4	12 5	12 9	12 15	12 21
M A	M E	M I	M O	M U
13 4	13 5	13 9	13 15	13 21
N A	N E	N I	N O	N U
14 4	14 5	14 9	14 15	14 21
O A	O E	O I	O O	O U
15 4	15 5	15 9	15 15	15 21
P A	P E	P I	P O	P U
16 4	16 5	16 9	16 15	16 21
Q U A	Q U E	Q U I	Q U O	Q U U
17 21 4	17 21 5	17 21 9	17 21 15	17 21 21
R A	R E	R I	R O	R U
18 4	18 5	18 9	18 15	18 21
S A	S E	S I	S O	S U
19 4	19 5	19 9	19 15	19 21

T A	T E	T I	T O	T U
20 4	20 5	20 9	20 15	20 21

U A	U E	U I	U O	U U
21 4	21 5	21 9	21 15	21 21

V A	V E	V I	V O	V U
22 4	22 5	22 9	22 15	22 21

W A	W E	W I	W O	W U
23 4	23 5	23 9	23 15	23 21

X A	X E	X I	X O	X U
24 4	24 5	24 9	24 15	24 21

Y A	Y E	Y I	Y O	Y U
25 4	25 5	25 9	25 15	25 21

Z A	Z E	Z I	Z O	Z U
26 4	26 5	26 9	26 15	26 21

Letters & Numbers

EDITION # 5

E A 1 5	E E 1 1	E I 1 9	E O 1 15	E U 1 21
D A 2 5	D E 2 1	D I 2 9	D O 2 15	D U 2 21
C A 3 5	C E 3 1	C I 3 9	C O 3 15	C U 3 21
B A 2 5	B E 2 1	B I 2 9	B O 2 15	B U 2 21
A A 5 5	A E 5 1	A I 5 9	A O 5 15	A U 5 21
F A 6 5	F E 6 1	F I 6 9	F O 6 15	F U 6 21
G A 7 5	G E 7 1	G I 7 9	G O 7 15	G U 7 21
H A 8 5	H E 8 1	H I 8 9	H O 8 15	H U 8 21
I A 9 5	I E 9 1	I I 9 9	I O 9 15	I U 9 21

J A 10 5	J E 10 1	J I 10 9	J O 10 15	J U 10 21
K A 11 5	K E 11 1	K I 11 9	K O 11 15	K U 11 21
L A 12 5	L E 12 1	L I 12 9	L O 12 15	L U 12 21
M A 13 5	M E 13 1	M I 13 9	M O 13 15	M U 13 21
N A 14 5	N E 14 1	N I 14 9	N O 14 15	N U 14 21
O A 15 5	O E 15 1	O I 15 9	O O 15 15	O U 15 21
P A 16 5	P E 16 1	P I 16 9	P O 16 15	P U 16 21
Q U A 17 21 5	Q U E 17 21 1	Q U I 17 21 9	Q U O 17 21 15	Q U U 17 21 21
R A 18 5	R E 18 1	R I 18 9	R O 18 15	R U 18 21
S A 19 5	S E 19 1	S I 19 9	S O 19 15	S U 19 21

Letters & Numbers

T A	T E	T I	T O	T U
20 5	20 1	20 9	20 15	20 21

U A	U E	U I	U O	U U
21 5	21 1	21 9	21 15	21 21

V A	V E	V I	V O	V U
22 5	22 1	22 9	22 15	22 21

W A	W E	W I	W O	W U
23 5	23 1	23 9	23 15	23 21

X A	X E	X I	X O	X U
24 5	24 1	24 9	24 15	24 21

Y A	Y E	Y I	Y O	Y U
25 5	25 1	25 9	25 15	25 21

Z A	Z E	Z I	Z O	Z U
26 5	26 1	26 9	26 15	26 21

EDITION # 6

F A 1 6	F E 1 2	F I 1 9	F O 1 15	F U 1 21
E A 2 6	E E 2 2	E I 2 9	E O 2 15	E U 2 21
D A 3 6	D E 3 2	D I 3 9	D O 3 15	D U 3 21
C A 4 6	C E 4 2	C I 4 9	C O 4 15	C U 4 21
B A 5 6	B E 5 2	B I 5 9	B O 5 15	B U 5 21
A A 6 6	A E 6 2	A I 6 9	A O 6 15	A U 6 21
G A 7 6	G E 7 2	G I 7 9	G O 7 15	G U 7 21
H A 8 6	H E 8 2	H I 8 9	H O 8 15	H U 8 21
I A 9 6	I E 9 2	I I 9 9	I O 9 15	I U 9 21

Letters & Numbers

J A	J E	J I	J O	J U
10 6	10 2	10 9	10 15	10 21
K A	K E	K I	K O	K U
11 6	11 2	11 9	11 15	11 21
L A	L E	L I	L O	L U
12 6	12 2	12 9	12 15	12 21
M A	M E	M I	M O	M U
13 6	13 2	13 9	13 15	13 21
N A	N E	N I	N O	N U
14 6	14 2	14 9	14 15	14 21
O A	O E	O I	O O	O U
15 6	15 2	15 9	15 15	15 21
P A	P E	P I	P O	P U
16 6	16 2	16 9	16 15	16 21
Q U A	Q U E	Q U I	Q U O	Q U U
17 21 6	17 21 2	17 21 9	17 21 15	17 21 21
R A	R E	R I	R O	R U
18 6	18 2	18 9	18 15	18 21
S A	S E	S I	S O	S U
19 6	19 2	19 9	19 15	19 21

T A	T E	T I	T O	T U
20 6	20 2	20 9	20 15	20 21
U A	U E	U I	U O	U U
21 6	21 2	21 9	21 15	21 21
V A	V E	V I	V O	V U
22 6	22 2	22 9	22 15	22 21
W A	W E	W I	W O	W U
23 6	23 2	23 9	23 15	23 21
X A	X E	X I	X O	X U
24 6	24 2	24 9	24 15	24 21
Y A	Y E	Y I	Y O	Y U
25 6	25 2	25 9	25 15	25 21
Z A	Z E	Z I	Z O	Z U
26 6	26 2	26 9	26 15	26 21

G A	G E	G I	G O	G U
1 7	1 3	1 9	1 15	1 21
F A	F E	F I	F O	F U
2 7	2 3	2 9	2 15	2 21
E A	E E	E I	E O	E U
3 7	3 3	3 9	3 15	3 21
D A	D E	D I	D O	D U
4 7	4 3	4 9	4 15	4 21
C A	C E	C I	C O	C U
5 7	5 3	5 9	5 15	5 21
B A	B E	B I	B O	B U
6 7	6 3	6 9	6 15	6 21
A A	A E	A I	A O	A U
7 7	7 3	7 9	7 15	7 21
H A	H E	H I	H O	H U
8 7	8 3	8 9	8 15	8 21
I A	I E	I I	I O	I U
9 7	9 3	9 9	9 15	9 21

J A	J E	J I	J O	J U
10 7	10 3	10 9	10 15	10 21
K A	K E	K I	K O	K U
11 7	11 3	11 9	11 15	11 21
L A	L E	L I	L O	L U
12 7	12 3	12 9	12 15	12 21
M A	M E	M I	M O	M U
13 7	13 3	13 9	13 15	13 21
N A	N E	N I	N O	N U
14 7	14 3	14 9	14 15	14 21
O A	O E	O I	O O	O U
15 7	15 3	15 9	15 15	15 21
P A	P E	P I	P O	P U
16 7	16 3	16 9	16 15	16 21
Q U A	Q U E	Q U I	Q U O	Q U U
17 21 7	17 21 3	17 21 9	17 21 15	17 21 21
R A	R E	R I	R O	R U
18 7	18 3	18 9	18 15	18 21
S A	S E	S I	S O	S U
19 7	19 3	19 9	19 15	19 21

Letters & Numbers

T A	T E	T I	T O	T U
20 7	20 3	20 9	20 15	20 21
U A	U E	U I	U O	U U
21 7	21 3	21 9	21 15	21 21
V A	V E	V I	V O	V U
22 7	22 3	22 9	22 15	22 21
W A	W E	W I	W O	W U
23 7	23 3	23 9	23 15	23 21
X A	X E	X I	X O	X U
24 7	24 3	24 9	24 15	24 21
Y A	Y E	Y I	Y O	Y U
25 7	25 3	25 9	25 15	25 21
Z A	Z E	Z I	Z O	Z U
26 7	26 3	26 9	26 15	26 21

EDITION # 8

HA	HE	HI	HO	HU
1 8	1 4	1 9	1 15	1 21

GA	GE	GI	GO	GU
2 8	2 4	2 9	2 15	2 21

FA	FE	FI	FO	FU
3 8	3 4	3 9	3 15	3 21

EA	EE	EI	EO	EU
4 8	4 4	4 9	4 15	4 21

DA	DE	DI	DO	DU
5 8	5 4	5 9	5 15	5 21

CA	CE	CI	CO	CU
6 8	6 4	6 9	6 15	6 21

BA	BE	BI	BO	BU
7 8	7 4	7 9	7 15	7 21

AA	AE	AI	AO	AU
8 8	8 4	8 9	8 15	8 21

IA	IE	II	IO	IU
9 8	9 4	9 9	9 15	9 21

Letters & Numbers

J A	J E	J I	J O	J U
10 8	10 4	10 9	10 15	10 21
K A	K E	K I	K O	K U
11 8	11 4	11 9	11 15	11 21
L A	L E	L I	L O	L U
12 8	12 4	12 9	12 15	12 21
M A	M E	M I	M O	M U
13 8	13 4	13 9	13 15	13 21
N A	N E	N I	N O	N U
14 8	14 4	14 9	14 15	14 21
O A	O E	O I	O O	O U
15 8	15 4	15 9	15 15	15 21
P A	P E	P I	P O	P U
16 8	16 4	16 9	16 15	16 21
Q U A	Q U E	Q U I	Q U O	Q U U
17 21 8	17 21 4	17 21 9	17 21 15	17 21 21
R A	R E	R I	R O	R U
18 8	18 4	18 9	18 15	18 21
S A	S E	S I	S O	S U
19 8	19 4	19 9	19 15	19 21

T A	T E	T I	T O	T U
20 8	20 4	20 9	20 15	20 21

U A	U E	U I	U O	U U
21 8	21 4	21 9	21 15	21 21

V A	V E	V I	V O	V U
22 8	22 4	22 9	22 15	22 21

W A	W E	W I	W O	W U
23 8	23 4	23 9	23 15	23 21

X A	X E	X I	X O	X U
24 8	24 4	24 9	24 15	24 21

Y A	Y E	Y I	Y O	Y U
25 8	25 4	25 9	25 15	25 21

Z A	Z E	X I	ZOO	Z U
26 8	26 4	26 9	26 15	26 21

Letters & Numbers

EDITION #9

I A	I E	I I	I O	I U
1 9	1 5	1 1	1 15	1 21

H A	H E	H I	H O	H U
2 9	2 5	2 1	2 15	2 21

G A	G E	G I	G O	G U
3 9	3 5	3 1	3 15	3 21

F A	F E	F I	F O	F U
4 9	4 5	4 1	4 15	4 21

E A	E E	E I	E O	E U
5 9	5 5	5 1	5 15	5 21

D A	D E	D I	D O	D U
6 9	6 5	6 1	6 15	6 21

C A	C E	C I	C O	C U
7 9	7 5	7 1	7 15	7 21

B A	B E	B I	B O	B U
8 9	8 5	8 1	8 15	8 21

A A	A E	A I	A O	A U
9 9	9 5	9 1	9 15	9 21

J A	J E	J I	J O	J U
10 9	10 5	10 1	10 15	10 21

K A	K E	K I	K O	K U
11 9	11 5	11 1	11 15	11 21

L A	L E	L I	L O	L U
12 9	12 5	12 1	12 15	12 21

M A	M E	M I	M O	M U
13 9	13 5	13 1	13 15	13 21

N A	N E	N I	N O	N U
14 9	14 5	14 1	14 15	14 21

O A	O E	O I	O O	O U
15 9	15 5	15 1	15 15	15 21

P A	P E	P I	P O	P U
16 9	16 5	16 1	16 15	16 21

Q U A	Q U E	Q U I	Q U O	Q U U
17 21 9	17 21 5	17 21 1	17 21 15	17 21 21

R A	R E	R I	R O	R U
18 9	18 5	18 1	18 15	18 21

S A	S E	S I	S O	S U
19 9	19 5	19 1	19 15	19 21

Letters & Numbers

T A 20 9	T E 20 5	T I 20 1	T O 20 15	T U 20 21
U A 21 9	U E 21 5	U I 21 1	U O 21 15	U U 21 21
V A 22 9	V E 22 5	V I 22 1	V O 22 15	V U 22 21
W A 23 9	W E 23 5	W I 23 1	W O 23 15	W U 23 21
X A 24 9	X E 24 5	X I 24 1	X O 24 15	X U 24 21
Y A 25 9	Y E 25 5	Y I 25 1	Y O 25 15	Y U 25 21
Z A 26 9	Z E 26 5	Z I 26 1	Z O 26 15	Z U 26 21

EDITION # 10

J A	J E	J I	J O	J U
1 10	1 6	1 2	1 15	1 21

I A	I E	I I	I O	I U
2 10	2 6	2 2	2 15	2 21

H A	H E	H I	H O	H U
3 10	3 6	3 2	3 15	3 21

G A	G E	G I	G O	G U
4 10	4 6	4 2	4 15	4 21

F A	F E	F I	F O	F U
5 10	5 6	5 2	5 15%	5 21

E A	E E	E I	E O	E U
6 10	6 6	6 2	6 15	6 21

D A	D E	D I	D O	D U
7 70	7 6	7 2	7 15	7 21

C A	C E	C I	C O	C U
8 10	8 6	8 2	8 15	8 21

B A	B E	B I	B O	B U
9 10	9 6	9 2	9 15	9 21

Letters & Numbers

A A 10 10	A E 10 6	A I 10 2	A O 10 15	A U 10 21
K A 11 10	K E 11 6	K I 11 2	K O 11 15	K U 11 21
L A 12 10	L E 12 6	L I 12 2	L O 12 15	L U 12 21
M A 13 10	M E 13 6	M I 13 2	M O 13 15	M U 13 21
N A 14 10	N E 14 6	N I 14 2	N O 14 15	N U 14 21
O A 15 10	O E 15 6	O I 15 2	O O 15 15	O U 15 21
P A 16 10	P E 16 6	P I 16 2	P O 16 15	P U 16 21
Q U A 17 21 10	Q U E 17 21 6	Q U I 17 21 2	Q U O 17 21 15	Q U U 17 21 21
R A 18 10	R E 18 6	R I 18 2	R O 18 15	R U 18 21
S A 19 10	S E 19 6	S I 19 2	S O 19 15	S U 19 21

T A	T E	T I	T O	T U
20 10	20 6	20 2	20 15	20 21
U A	U E	U I	U O	U U
21 10	21 6	21 2	21 15	21 21
V A	V E	V I	V O	V U
22 10	22 6	22 2	22 15	22 21
W A	W E	W I	W O	W U
23 10	23 6	23 2	23 15	23 21
X A	X E	X I	X O	X U
24 10	24 6	24 2	24 15	24 21
Y A	Y E	Y I	Y O	Y U
25 10	25 6	25 2	25 15	25 21
Z A	Z E	Z I	Z O	Z U
26 10	26 6	26 2	26 15	26 21

Letters & Numbers

EDITION # 11

K A	K E	K I	K O	K U
1 11	1 7	1 3	1 15	1 21

J A	J E	J I	J O	J U
2 11	2 7	2 3	2 15	2 21

I A	I E	I I	I O	I U
3 11	3 7	3 3	3 15	3 21

H A	H E	H I	H O	H U
4 11	4 7	4 3	4 15	4 21

G A	G E	G I	G O	G U
5 11	5 7	5 3	5 15	5 21

F A	F E	F I	F O	F U
6 11	6 7	6 3	6 15	6 21

E A	E E	E I	E O	E U
7 11	7 7	7 3	7 15	7 21

D A	D E	D I	D O	D U
8 11	8 7	8 3	8 17	8 21

C A	C E	C I	C O	C U
9 11	9 7	9 3	9 15	9 21

B A	B E	B I	B O	B U
10 10	10 7	10 3	10 15	10 21

A A	A E	A I	A O	A U
11 11	11 7	11 3	11 15	11 21

L A	L E	L I	L O	L U
12 11	12 7	12 3	12 15	12 21

M A	M E	M I	M O	M U
13 11	13 7	13 3	13 15	13 21

N A	N E	N I	N O	N U
14 11	14 7	14 3	14 15	14 21

O A	O E	O I	O O	O U
15 11	15 7	15 3	15 15	15 21

P A	P E	P I	P O	P U
16 11	16 7	16 3	16 15	16 21

Q U A	Q U E	Q U I	Q U O	Q U U
17 21 11	17 21 7	17 21 3	17 21 15	17 21 21

R A	R E	R I	R O	R U
18 11	18 7	18 3	18 15	18 21

S A	S E	S I	S O	S U
19 11	19 7	19 3	19 15	19 21

Letters & Numbers

T A	T E	T I	T O	T U
20 11	20 7	20 3	20 15	20 21

U A	U E	U I	U O	U U
21 11	21 7	21 3	21 15	21 21

V A	V E	V I	V O	V U
22 11	22 7	22 3	22 15	22 21

W A	W E	W I	W O	W U
23 11	23 7	23 3	23 15	23 21

X A	X E	X I	X O	X U
24 11	24 7	24 3	24 15	24 21

Y A	Y E	Y I	Y O	Y U
25 11	25 7	25 3	25 15	25 21

Z A	Z E	Z I	Z O	Z U
26 11	26 7	26 3	26 15	26 21

EDITION # 12

L A	L E	L I	L O	L U
1 12	1 8	1 4	1 15	1 21
K A	K E	K I	K O	K U
2 12	2 8	2 4	2 15	2 21
J A	J E	J I	J O	J U
3 12	3 8	3 4	3 15	3 21
I A	I E	I I	I O	I U
4 12	4 8	4 4	4 15	4 21
H A	H E	H I	H O	H U
5 12	5 8	5 4	5 15	5 21
G A	G E	G I	G O	G U
6 12	6 8	6 4	6 15	6 21
F A	F E	F I	F O	F U
7 12	7 8	7 4	7 15	7 21
E A	E E	E I	E O	E U
8 12	8 8	8 4	8 15	8 21
D A	D E	D I	D O	D U
9 12	9 8	9 4	9 15	9 21

Letters & Numbers

C A	C E	C I	C O	C U
10 12	10 8	10 4	10 15	10 21
B A	B E	B I	B O	B U
11 12	11 8	11 4	11 15	11 21
A A	A E	A I	A O	A U
12 12	12 8	12 4	12 15	12 21
M A	M E	M I	M O	M U
13 12	13 8	13 4	13 15	13 21
N A	N E	N I	N O	N U
14 12	14 8	14 4	14 15	14 21
O A	O E	O I	O O	O U
15 12	15 8	15 4	15 15	15 21
P A	P E	P I	P O	P U
16 12	16 8	16 4	16 15	16 21
Q U A	Q U E	Q U I	Q U O	Q U U
17 21 12	17 21 8	17 21 4	17 21 15	17 21 21
R A	R E	R I	R O	R U
18 12	18 8	18 4	18 15	18 21
S A	S E	S I	S O	S U
19 12	19 8	19 4	19 15	19 21

T A	T E	T I	T O	T U
20 12	20 8	20 4	20 15	20 21

U A	U E	U I	U O	U U
21 12	21 8	21 4	21 15	21 21

V A	V E	V I	V O	V U
22 12	22 8	22 4	22 15	22 21

W A	W E	W I	W O	W U
23 12	23 8	23 4	23 15	23 21

X A	X E	X I	X O	X U
24 12	24 8	24 4	24 15	24 21

Y A	Y E	Y I	Y O	Y U
25 12	25 8	25 4	25 15	25 21

Z A	Z E	Z I	Z O	Z U
26 12	26 8	26 4	26 15	26 21

Letters & Numbers

EDITION # 13

M A 1 13	M E 1 9	M I 1 5	M O 1 15	M U 1 21
L A 2 13	L E 2 9	L I 2 5	L O 2 15	L U 2 21
K A 3 13	K E 3 9	K I 3 5	K O 3 15	K U 3 21
J A 4 13	J E 4 9	J I 4 5	J O 4 15	J U 4 21
I A 5 13	I E 5 9	I I 5 5	I O 5 15	I U 5 21
H A 6 13	H E 6 9	H I 6 5	H O 6 15	H U 6 21
G A 7 13	G E 7 9	G I 7 5	G O 7 15	G U 7 21
F A 8 13	F E 8 9	F I 8 5	F O 8 15	F U 8 21
E A 9 13	E E 9 9	E I 9 5	E O 9 15	E U 9 21

D A	D E	D I	D O	D U
10 13	10 9	10 5	10 15	10 21
C A	C E	C I	C O	C U
11 13	11 9	11 5	11 15	11 21
B A	B E	B I	B O	B U
12 13	12 9	12 5	12 15	12 21
A A	A E	A I	A O	A U
13 13	13 9	13 5	13 15	13 21
N A	N E	N I	N O	N U
14 13	14 9	14 5	14 15	14 21
O A	O E	O I	O O	O U
15 13	15 9	15 5	15 15	15 21
P A	P E	P I	P O	P U
16 13	16 9	16 5	16 15	16 21
Q U A	Q U E	Q U I	Q U O	Q U U
17 21 13	17 21 9	17 21 5	17 21 15	17 21 21
R A	R E	R I	R O	R U
18 13	18 9	18 5	18 15	18 21
S A	S E	S I	S O	S U
19 13	19 9	19 5	19 15	19 21

Letters & Numbers

T A 20 13	T E 20 9	T I 20 5	T O 20 15	T U 20 21
U A 21 13	U E 21 9	U I 21 5	U O 21 15	U U 21 21
V A 22 13	V E 22 9	V I 22 5	V O 22 15	V U 22 21
W A 23 13	W E 23 9	W I 23 5	W O 23 15	W U 23 21
X A 24 13	X E 24 9	X I 24 5	X O 24 15	X U 24 21
Y A 25 13	Y E 25 9	Y I 25 5	Y O 25 15	Y U 25 21
Z A 26 13	Z E 26 9	Z I 26 5	Z O 26 15	Z U 26 21

EDITION # 14

N A	N E	N I	N O	N U
1 14	1 10	1 6	1 15	1 21
M A	M E	M I	M O	M U
2 14	2 10	2 6	2 15	2 21
L A	L E	L I	L O	L U
3 14	3 10	3 6	3 15	3 21
K A	K E	K I	K O	K U
4 14	4 10	4 6	4 15	4 21
J A	J E	J I	J O	J U
5 14	5 10	5 6	5 15	5 21
I A	I E	I I	I O	I U
6 14	6 10	6 6	6 15	6 21
H A	H E	H I	H O	H U
7 14	7 10	7 6	7 15	7 21
G A	G E	G I	G O	G U
8 14	8 10	8 6	8 15	8 21
F A	F E	F I	F O	F U
9 14	9 10	9 6	9 15	9 21

Letters & Numbers

E A 10 14	E E 10 10	E I 10 6	E O 10 15	E U 10 21
D A 11 14	D E 11 10	D I 11 6	D O 11 15	D U 11 21
C A 12 14	C E 12 10	C I 12 6	C O 12 15	C U 12 21
B A 13 14	B E 13 10	B I 13 6	B O 13 15	B U 13 21
A A 14 14	A E 14 10	A I 14 6	A O 14 15	A U 14 21
O A 15 14	O E 15 10	O I 15 6	O O 15 15	O U 15 21
P A 16 14	P E 16 10	P I 16 6	P O 16 15	P U 16 21
Q U A 17 21 14	Q U E 17 21 10	Q U I 17 21 6	Q U O 17 21 15	Q U U 17 21 21
R A 18 14	R E 18 10	R I 18 6	R O 18 15	R U 18 21
S A 19 14	S E 19 10	S I 19 6	S O 19 15	S U 19 21

T A	T E	T I	T O	T U
20 14	20 10	20 6	20 15	20 21

U A	U E	U I	U O	U U
21 14	21 10	21 6	21 15	21 21

V A	V E	V I	V O	V U
22 14	22 10	22 6	22 15	22 21

W A	W E	W I	W O	W U
23 14	23 10	23 6	23 15	23 21

X A	X E	X I	X O	X U
24 14	24 10	24 6	24 15	24 21

Y A	Y E	Y I	Y O	Y U
25 14	25 10	25 6	25 15	25 21

Z A	Z E	Z I	Z O	Z U
26 14	26 10	26 6	26 15	26 21

Letters & Numbers

EDITION # 15

O A	O E	O I	O O	O U
1 15	1 11	1 7	1 1	1 21
N A	N E	N I	N O	N U
2 15	2 11	2 7	2 1	2 21
M A	M E	M I	M O	M U
3 15	3 11	3 7	3 1	3 21
L A	L E	L I	L O	L U
4 15	4 11	4 7	4 1	4 21
K A	K E	K I	K O	K U
5 15	5 11	5 7	5 1	5 21
J A	J E	J I	J O	J U
6 15	6 11	6 7	6 1	6 21
I A	I E	I I	I O	I U
7 15	7 11	7 7	7 1	7 21
H A	H E	H I	H O	H U
8 15	8 11	8 7	8 1	8 21
G A	G E	G I	G O	G U
9 15	9 11	9 7	9 1	9 21

F A	F E	F I	F O	F U
10 15	10 11	10 7	10 1	10 21

E A	E E	E I	E O	E U
11 15	11 11	11 7	11 1	11 21

D A	D E	D I	D O	D U
12 15	12 11	12 7	12 1	12 21

C A	C E	C I	C O	C U
13 15	13 11	13 7	13 1	13 21

B A	B E	B I	B O	B U
14 15	14 11	14 7	14 1	14 21

A A	A E	A I	A O	A U
15 15	15 11	15 7	15 5	15 21

P A	P E	P I	P O	P U
16 15	16 11	16 7	16 1	16 21

Q U A	Q U E	Q U I	Q U O	Q U U
17 21 15	17 21 11	17 21 7	17 21 1	17 21 21

R A	R E	R I	R O	R U
18 15	18 11	18 7	18 1	18 21

S A	S E	S I	S O	S U
19 15	19 11	19 7	19 1	19 21

Letters & Numbers

T A	T E	T I	T O	T U
20 15	20 11	20 7	20 1	20 21

U A	U E	U I	U O	U U
21 15	21 11	21 7	21 1	21 21

V A	V E	V I	V O	V U
22 15	22 11	22 7	22 1	22 21

W A	W E	W I	W O	W U
23 15	23 11	23 7	23 1	23 21

X A	X E	X I	X O	X U
24 15	24 11	24 7	24 1	24 21

Y A	Y E	Y I	Y O	Y U
25 15	25 11	25 7	25 1	25 21

Z A	Z E	Z I	Z O	Z U
26 15	26 11	26 7	26 1	26 21

Roel Pimentel Ortiz

EDITION # 16

PA	PE	PI	PO	PU
1 16	1 12	1 8	1 2	1 21

OA	OE	OI	OO	OU
2 16	2 12	2 8	2 2	2 21

NA	NE	NI	NO	NU
3 16	3 12	3 8	3 2	3 21

MA	ME	MI	MO	MU
4 16	4 12	4 8	4 2	4 21

LA	LE	LI	LO	LU
5 16	5 12	5 8	5 2	5 21

KA	KE	KI	KO	KU
6 16	6 12	6 8	6 2	6 21

JA	JE	JI	JO	JU
7 16	7 12	7 8	7 2	7 21

IA	IE	II	IO	IU
8 16	8 12	8 8	8 2	8 21

HA	HE	HI	HO	HU
9 16	9 12	9 8	9 2	9 21

GA	GE	GI	GO	GU
10 15	10 12	10 8	10 2	10 21

Letters & Numbers

F A	F E	F I	F O	F U
11 16	11 12	11 8	11 2	11 21
E A	E E	E I	E O	E U
12 16	12 12	12 8	12 2	12 21
D A	D E	D I	D O	D U
13 16	13 12	13 8	13 2	13 21
C A	C E	C I	C O	C U
14 16	14 12	14 8	14 2	14 21
B A	B E	B I	B O	B U
15 16	15 12	15 8	15 2	15 21
A A	A E	A I	A O	A U
16 16	16 12	16 8	16 2	16 21
Q U A	Q U E	Q U I	Q U O	Q U U
17 21 16	17 21 12	17 21 8	17 21 2	17 21 21
R A	R E	R I	R O	R U
18 16	18 12	18 8	18 2	18 21
S A	S E	S I	S O	S U
19 16	19 12	19 8	19 2	19 21
T A	T E	T I	T O	T U
20 16	20 12	20 8	20 2	20 21

U A	U E	U I	U O	U U
21 16	21 12	21 8	21 2	21 21

V A	V E	V I	V O	V U
22 16	22 12	22 8	22 2	22 21

W A	W E	W I	W O	W U
23 16	23 12	23 8	23 2	23 21

X A	X E	X I	X O	X U
24 16	24 12	24 8	24 2	24 21

Y A	Y E	Y I	Y O	Y U
25 16	25 12	25 8	25 2	25 21

Z A	Z E	Z I	Z O	Z U
26 16	26 12	26 8	26 2	26 21

EDITION # 17

QUA	QUE	QUI	QUO	QUU
1 21 17	1 21 135	1 21 9	1 21 3	1 21 21
PA	PE	PI	PO	PU
2 17	2 13	2 9	2 3	2 21
OA	OE	OI	OO	OU
3 17	3 13	3 9	3 3	3 21
NA	NE	NI	NO	NU
4 17	4 13	4 9	4 3	4 21
MA	ME	MI	MO	MU
5 17	5 13	5 9	5 3	5 21
LA	LE	LI	LO	LU
6 17	6 13	6 9	6 3	6 21
KA	KE	KI	KO	KU
7 17	7 13	7 9	7 3	7 21
JA	JE	JI	JO	JU
8 17	8 13	8 9	8 3	8 21
IA	IE	II	IO	IU
9 17	9 13	9 9	9 3	9 21

H A	H E	H I	H O	H U
10 17	10 13	10 9	10 3	10 21
G A	G E	G I	G O	G U
11 17	11 13	11 9	11 3	11 21
F A	F E	F I	F O	F U
12 17	12 13	12 9	12 3	12 21
E A	E E	E I	E O	E U
13 17	13 13	13 9	13 3	13 21
D A	D E	D I	D O	D U
14 17	14 13	14 9	14 3	14 21
C A	C E	C I	C O	C U
15 17	15 13	15 9	15 3	15 21
B A	B E	B I	B O	B U
16 17	16 13	16 9	16 3	16 21
A A	A E	A I	A O	A U
17 17	17 13	17 9	17 3	17 21
R A	R E	R I	R O	R U
18 17	18 13	18 9	18 3	18 21
S A	S E	S I	S O	S U
19 17	19 13	19 9	19 3	19 21

Letters & Numbers

T A 20 17	T E 20 13	T I 20 9	T O 20 3	T U 20 21
U A 21 17	U E 21 13	U I 21 9	U O 21 3	U U 21 21
V A 22 17	V E 22 13	V I 22 9	V O 22 3	V U 22 21
W A 23 17	W E 23 13	W I 23 9	W O 23 3	W U 23 21
X A 24 17	X E 24 13	X I 24 9	X O 24 3	X U 24 21
Y A 25 17	Y E 25 13	Y I 25 9	Y O 25 3	Y U 25 21
Z A 26 17	Z E 26 13	Z I 26 9	Z O 26 3	Z U 26 21

EDITION # 18

R A	R E	R I	R O	R U
1 18	1 14	1 10	1 4	1 21
Q U A	Q U E	Q U I	Q U O	Q U U
2 21 18	2 21 145	2 21 10	2 21 4	2 21 21
P A	P E	P I	P O	P U
3 18	3 14	3 10	3 4	3 21
O A	O E	O I	O O	O U
4 18	4 14	4 10	4 4	4 21
N A	N E	N I	N O	N U
5 18	5 14	5 10	5 4	5 21
M A	M E	M I	M O	M U
6 18	6 14	6 10	6 4	6 21
L A	L E	L I	L O	L U
7 18	7 14	7 10	7 4	7 21
K A	K E	K I	K O	K U
8 18	8 14	8 10	8 4	8 21
J A	J E	J I	J O	J U
9 18	9 14	9 10	9 4	9 21

Letters & Numbers

I A	I E	I I	I O	I U
10 18	10 14	10 10	10 4	10 21

H A	H E	H I	H O	H U
11 18	11 14	11 10	11 4	11 21

G A	G E	G I	G O	G U
12 18	12 14	12 10	12 4	12 21

F A	F E	F I	F O	F U
13 18	13 14	13 10	13 4	13 21

E A	E E	E I	E O	E U
14 18	14 14	14 10	14 4	14 21

D A	D E	D I	D O	D U
15 18	15 14	15 10	15 4	15 21

C A	C E	C I	C O	C U
16 18	16 14	16 10	16 4	16 21

B A	B E	B I	B O	B U
17 18	17 14	17 10	17 4	17 21

A A	A E	A I	A O	A U
18 18	18 14	18 10	18 4	18 21

S A	S E	S I	S O	S U
19 18	19 14	19 10	19 4	19 21

T A	T E	T I	T O	T U
20 18	20 14	20 10	20 4	20 21

U A	U E	U I	U O	U U
21 18	21 14	21 10	21 4	21 21

V A	V E	V I	V O	V U
22 18	22 14	22 10	22 4	22 21

W A	W E	W I	W O	W U
23 18	23 14	23 10	23 4	23 21

X A	X E	X I	X O	X U
24 18	24 14	24 10	24 4	24 21

Y A	Y E	Y I	Y O	Y U
25 18	25 14	25 10	25 4	25 21

Z A	Z E	Z I	Z O	Z U
26 18	26 14	26 10	26 4	26 21

Letters & Numbers

EDITION # 19

S A 1 19	S E 1 15	S I 1 11	S O 1 5	S U 1 21
R A 2 19	R E 2 15	R I 2 11	R O 2 5	R U 2 21
Q U A 3 21 19	Q U E 3 21 15	Q U I 3 21 11	Q U O 3 21 5	Q U U 3 21 21
P A 4 19	P E 4 15	P I 4 11	P O 4 5	P U 4 21
O A 5 19	O E 5 15	O I 5 11	O O 5 5	O U 5 21
N A 6 19	N E 6 15	N I 6 11	N O 6 5	N U 6 21
M A 7 19	M E 7 15	M I 7 11	M O 7 5	M U 7 21
L A 8 19	L E 8 15	L I 8 11	L O 8 5	L U 8 21
K A 9 19	K E 9 15	K I 9 11	K O 9 5	K U 9 21

J A	J E	J I	J O	J U
10 19	10 15	10 11	10 5	10 21
I A	I E	I I	I O	I U
11 19	11 15	11 11	11 5	11 21
H A	H E	H I	H O	H U
12 19	12 15	12 11	12 5	12 21
G A	G E	G I	G O	G U
13 19	13 15	13 11	13 5	13 21
F A	F E	F I	F O	F U
14 19	14 15	14 11	14 5	14 21
E A	E E	E I	E O	E U
15 19	15 15	15 11	15 5	15 21
D A	D E	D I	D O	D U
16 19	16 15	16 11	16 5	16 21
C A	C E	C I	C O	C U
17 19	17 15	17 11	17 5	17 21
B A	B E	B I	B O	B U
18 19	18 15	18 11	18 5	18 21
A A	A E	A I	A O	A U
19 19	19 15	19 11	19 5	19 21

Letters & Numbers

T A	T E	T I	T O	T U
20 19	20 15	20 11	20 5	20 21

U A	U E	U I	U O	U U
21 19	21 15	21 11	21 5	21 21

V A	V E	V I	V O	V U
22 19	22 15	22 11	22 5	22 21

W A	W E	W I	W O	W U
23 19	23 15	23 11	23 5	23 21

X A	X E	X I	X O	X U
24 19	24 15	24 11	24 5	24 21

Y A	Y E	Y I	Y O	Y U
25 19	25 15	25 11	25 5	21 21

Z A	Z E	Z I	Z O	Z U
26 19	26 15	26 11	26 5	26 21

EDITION # 20

TA	TE	TI	TO	TU
1 20	1 16	1 12	1 6	1 21

SA	SE	SI	SO	SU
2 20	2 16	2 12	2 6	2 21

RA	RE	RI	RO	RU
3 20	3 16	3 12	3 6	3 21

QUA	QUE	QUI	QUO	QUU
4 21 20	4 21 16	4 21 12	4 21 6	4 21 21

PA	PE	PI	PO	PU
5 20	5 16	5 12	5 6	5 21

OA	OE	OI	OO	OU
6 20	6 16	6 12	6 6	6 21

NA	NE	NI	NO	NU
7 20	7 16	7 12"	7 6	7 21

MA	ME	MI	MO	MU
8 20	8 16	8 12	8 6	8 21

LA	LE	LI	LO	LU
9 20	9 16	9 12	9 6	9 21

Letters & Numbers

K A 10 20	K E 10 16	K I 10 12	K O 10 6	K U 10 21
J A 11 20	J E 11 16	J I 11 12	J O 11 6	J U 11 21
I A 12 20	I E 12 16	I I 12 12	I O 12 6	I U 12 21
H A 13 20	H E 13 16	H I 13 12	H O 13 6	H U 13 21
G A 14 20	G E 14 16	G I 14 12	G O 14 6	G U 14 21
F A 15 20	F E 15 16	F I 15 12	F O 15 6	F U 15 21
E A 16 20	E E 16 16	E I 16 12	E O 16 6	E U 16 21
D A 17 20	D E 17 16	D I 17 12	D O 17 6	D U 17 21
C A 18 20	C E 18 16	C I 18 12	C O 18 6	C U 18 21
B A 19 20	B E 19 16	B I 19 12	B O 19 6	B U 19 21

A A	A E	A I	A O	A U
20 20	20 16	20 12	20 6	20 21

U A	U E	U I	U O	U U
21 20	21 16	21 12	21 6	21 21

V A	V E	V I	V O	V U
22 20	22 16	22 12	22 6	22 21

W A	W E	W I	W O	W U
23 20	23 16	23 12	23 6	23 21

X A	X E	X I	X O	X U
24 20	24 16	24 12	24 6	24 21

Y A	Y E	Y I	Y O	Y U
25 20	25 16	25 12	25=6	25 21

Z A	Z E	Z I	Z O	Z U
26 20	26 16	26 12	26 6	26 21

U A	U E	U I	U O	U U
1 21	1 17	1 13	1 7	1 1
T A	T E	T I	T O	T U
2 21	2 17	2 13	2 7	2 1
S A	S E	S I	S O	S U
3 21	3 17	3 13	3 7	3 1
R A	R E	R I	R O	R U
4 21	4 17	4 13	4 7	4 1
Q U A	Q U E	Q U I	Q U O	Q U U
5 1 21	5 1 17	5 1 13	5 1 7	5 1 1
P A	P E	P I	P O	P U
6 21	6 17	6 13	6 7	6 1
O A	O E	O I	O O	O U
7 21	7 17	7 13	7 7	7 1
N A	N E	N I	N O	N U
8 21	8 17	8 13	8 7	8 1
M A	M E	M I	M O	M U
9 21	9 17	9 13	9 7	9 1

L A	L E	L I	L O	L U
10 21	10 17	10 13	10 7	10 1

K A	K E	K I	K O	K U
11 21	11 17	11 13	11 7	11 1

J A	J E	J I	J O	J U
12 21	12 17	12 13	12 7	12 1

I A	I E	I I	I O	I U
13 21	13 17	13 13	13 7	13 1

H A	H E	H I	H O	H U
14 21	14 17	14 13	14 7	14 21

G A	G E	G I	G O	G U
15 21	15 17	15 13	15 7	15 1

F A	F E	F I	F O	F U
16 21	16 17	16 13	16 7	16 1

E A	E E	E I	E O	E U
17 21	17 17	17 13	17 7	17 1

D A	D E	D I	D O	D U
18 21	18 17	18 13	18 7	18 1

C A	C E	C I	C O	C U
19 21	19 17	19 13	19 7	19 1

Letters & Numbers

B A	B E	B I	B O	B U
20 21	20 17	20 13	20 7	20 1

A A	A E	A I	A O	A U
21 21	21 17	21 13	21 7	21 1

V A	V E	V I	V O	V U
22 21	22 17	22 13	22 7	22 1

W A	W E	W I	W O	W U
23 21	23 17	23 13	23 7	23 1

X A	X E	X I	X O	X U
24 21	24 17	24 13	24 7	24 1

Y A	Y E	Y I	Y O	Y U
25 21	25 17	25 13	25 7	25 1

Z A	Z E	Z I	Z O	Z U
26 21	26 17	26 13	26 7	26 1

EDITION # 22

V A	V E	V I	V O	V U
1 22	1 18	1 14	1 8	1 2

U A	U E	U I	U O	U U
2 22	2 18	2 14	2 8	2 2

T A	T E	T I	T O	T U
3 22	3 18	3 14	3 8	3 2

S A	S E	S I	S O	S U
4 22	4 18	4 14	4 8	4 2

R A	R E	R I	R O	R U
5 22	5 15	5 14	5 8	5 2

Q U A	Q U E	Q U I	Q U O	Q U U
6 2 22	6 2 18	6 2 14	6 2 8	6 2 2

P A	P E	P I	P O	P U
7 22	7 18	7 14	7 8	7 2

O A	O E	O I	O O	O U
8 22	8 18	8 14	8 8	8 2

N A	N E	N I	N O	N U
9 22	9 18	9 14	9 8	9 2

Letters & Numbers

M A	M E	M I	M O	M U
10 22	10 18	10 14	10 8	10 2
L A	L E	L I	L O	L U
11 22	11 18	11 14	11 8	11 2
K A	K E	K I	K O	K U
12 22	12 18	12 14	12 8	12 2
J A	J E	J I	J O	J U
13 22	13 18	13 14	13 8	13 2
I A	I E	I I	I O	I U
14 22	14 18	14 14	14 8	14 2
H A	H E	H I	H O	H U
15 22	15 18	15 14	15 8	15 2
G A	G E	G I	G O	G U
16 22	16 18	16 14	16 8	16 2
F A	F E	F I	F O	F U
17 22	17 18	17 14	17 8	17 2
E A	E E	E I	E O	E U
18 22	18 18	18 14	18 8	18 2
D A	D E	D I	D O	D U
19 22	19 18	19 14	19 8	19 2

C A	C E	C I	C O	C U
20 22	20 18	20 14	20 8	20 2
B A	B E	B I	B O	B U
21 22	21 18	21 14	21 8	21 2
A A	A E	A I	A O	A U
22 22	22 18	22 14	22 8	22 2
W A	W E	W I	W O	W U
23 22	23 18	23 14	23 8	23 2
X A	X E	X I	X O	X U
22 24	24 18	24 14	24 8	24 2
Y A	Y E	Y I	Y O	Y U
25 22	25 18	25 14	25 8	25 2
Z A	Z E	Z I	Z O	Z U
26 22	26 18	26 14	26 8	26 2

W A	W E	W I	W O	W U
1 23	1 19	1 15	1 9	1 3
V A	V E	V I	V O	V U
2 23	2 19	2 15	2 9	2 3
U A	U E	U I	U O	U U
3 23	3 19	3 15	3 9	3 3
T A	T E	T I	T O	T U
4 23	4 19	4 15	4 9	4 3
S A	S E	S I	S O	S U
5 23	5 19	5 15	5 9	5 3
R A	R E	R I	R O	R U
6 23	6 19	6 15	6 9	6 3
Q U A	Q U E	Q U I	Q U O	Q U U
7 3 23	7 3 19	7 3 15	7 3 9	7 3 3
P A	P E	P I	P O	P U
8 23	8 19	8 15	8 9	8 3
O A	O E	O I	O O	O U
9 23	9 19	9 15	9 9	9 3

N A	N E	N I	N O	N U
10 23	10 19	10 15	10 9	10 3
M A	M E	M I	M O	M U
11 23	11 19	11 15	11 9	11 3
L A	L E	L I	L O	L U
12 23	12 19	12 15	12 9	12 3
K A	K E	K I	K O	K U
13 23	13 19	13 15	13 9	13 3
J A	J E	J I	J O	J U
14 23	14 19	14 15	14 9	14 3
I A	I E	I I	I O	I U
15 23	15 19	15 15	15 9	15 3
H A	H E	H I	H O	H U
16 23	16 19	16 15	16 9	16 3
G A	G E	G I	G O	G U
17 23	7 19	17 15	17 9	17 3
F A	F E	F I	F O	F U
18 23	18 19	18 15	18 9	18 3
E A	E E	E I	E O	E U
19 23	19 19	19 15	19 9	19 3

Letters & Numbers

D A	D E	D I	D O	D U
20 23	20 19	20 15	20 9	20 3
C A	C E	C I	C O	C U
21 23	21 19	21 15	21 9	21 3
B A	B E	B I	B O	B U
22 23	22 19	22 15	22 9	22 3
A A	A E	A I	A O	A U
23 23	23 19	23 15	23 9	23 3
X A	X E	X I	X O	X U
24 23	24 29	24 15	24 9	24 3
Y A	Y E	Y I	Y O	Y U
25 23	25 19	25 15	25 9	25 3
Z A	Z E	Z I	Z O	Z U
26 23	26 19	26 15	26 9	26 3

EDITION # 24

X A	X E	X I	X O	X U
1 24	1 20	1 16	1 10	1 4
W A	W E	W I	W O	W U
2 24	2 20	2 16	2 10	2 4
V A	V E	V I	V O	V U
3 24	3 20	3 16	3 10	3 4
U A	U E	U I	U O	U U
4 24	4 20	4 16	4 10	4 4
T A	T E	T I	T O	T U
5 24	5 20	5 16	5 10	5 4
S A	S E	S I	S O	S U
6 24	6 20	6 16	6 10	6 4
R A	R E	R I	R O	R U
7 24	7 20	7 16	7 10	7 4
Q U A	Q U E	Q U I	Q U O	Q U U
8 4 24	8 4 20	8 4 16	8 4 10	8 4 4
P A	P E	P I	P O	P U
9 24	9 20	9 16	9 10	9 4

Letters & Numbers

O A	O E	O I	O O	O U
10 24	10 20	10 16	10 10	10 4
N A	N E	N I	N O	N U
11 24	11 20	11 16	11 10	11 4
M A	M E	M I	M O	M U
12 24	12 20	12 16	12 10	12 4
L A	L E	L I	L O	L U
13 24	13 20	13 16	13 10	13 4
K A	K E	K I	K O	K U
14 24	14 20	14 16	14 10	14 4
J A	J E	J I	J O	J U
15 24	15 20	15 16	15 10	15 4
I A	I E	I I	I O	I U
16 24	16 20	16 16	16 10	16 4
H A	H E	H I	H O	H U
17 24	17 20	17 16	17 10	17 4
G A	G E	G I	G O	G U
18 24	18 20	18 16	18 10	18 4
F A	F E	F I	F O	F U
19 24	19 20	19 16	19 10	19 4

E A	E E	E I	E O	E U
20 24	20 20	20 16	20 10	20 4

D A	D E	D I	D O	D U
21 24	21 20	21 16	21 10	21 4

C A	C E	C I	C O	C U
22 24	22 20	22 16	22 10	22 4

B A	B E	B I	B O	B U
23 24	23 20	23 16	23 10	23 4

A A	A E	A I	A O	A U
24 24	24 20	24 16	24 10	24 4

Y A	Y E	Y I	Y O	Y U
25 24	25 20	25 16	25 10	25 4

Z A	Z E	Z I	Z O	Z U
26 24	26 20	26 16	26 10	26 4

Letters & Numbers

EDITION # 25

Y A 1 25	Y E 1 21	Y I 1 17	Y O 1 11	Y U 1 5
X A 2 25	X E 2 21	X I 2 17	X O 2 11	X U 2 5
W A 3 25	W E 3 21	W I 3 17	W O 3 11	W U 3 5
V A 4 25	V E 4 21	V I 4 17	V O 4 11	V U 4 5
U A 5 25	U E 5 21	U I 5 17	U O 5 11	U U 5 5
T A 6 25	T E 6 21	T I 6 17	T O 6 11	T U 6 5
S A 7 25	S E 7 21	S I 7 17	S O 7 11	S U 7 5
R A 8 25	R E 8 21	R I 8 17	R O 8 11	R U 8 5
Q U A 9 5 25	Q U E 9 5 21	Q U I 9 5 17	Q U O 9 5 11	Q U U 9 5 5

P A	P E	P I	P O	P U
10 25	10 21	10 17	10 11	10 5

O A	O E	O I	O O	O U
11 25	11 21	11 17	11 11	11 5

N A	N E	N I	N O	N U
12 25	12 21	12 17	12 11	12 5

M A	M E	M I	M O	M U
13 25	13 21	13 17	13 11	13 5

L A	L E	L I	L O	L U
14 25	14 21	14 17	14 11	14 5

K A	K E	K I	K O	K U
15 25	15 21	15 17	15 11	15 5

J A	J E	J I	J O	J U
16 25	16 21	16 17	16 11	16 5

I A	I E	I I	I O	I U
17 25	17 21	17 17	17 11	17 5

H A	H E	H I	H O	H U
18 25	18 21	18 17	18 11	18 5

G A	G E	G I	G O	G U
19 25	19 21	19 17	19 11	19 5

Letters & Numbers

F A	F E	F I	F O	F U
20 25	20 21	20 17	20 11	20 5
E A	E E	E I	E O	E U
21 25	21 21	21 17	21 11	21 5
D A	D E	D I	D O	D U
22 25	22 21	22 17	22 11	22 5
C A	C E	C I	C O	C U
23 25	23 21	23 17	23 11	23 5
B A	B E	B I	B O	B U
24 25	24 21	24 17	24 11	24 5
A A	A E	A I	A O	A U
25 25	25 21	25 17	25 11	25 5
Z A	Z E	Z I	Z O	Z U
26 26	26 21	26 17	26 11	26 5

EDITION # 26

Z A	Z E	Z I	Z O	Z U
1 26	1 22	1 18	1 12	1 6

Y A	Y E	Y I	Y O	Y U
2 26	2 22	2 18	2 12	2 6

X A	X E	X I	X O	X U
3 26	3 22	3 18	3 12	3 6

W A	W E	W I	W O	W U
4 26	4 22	4 18	4 12	4 6

V A	V E	V I	V O	V U
5 26	5 22	5 18	5 12	5 6

U A	U E	U I	U O	U U
6 26	6 22	6 18	6 12	6 6

T A	T E	T I	T O	T U
7 26	7 22	7 18	7 12	7 6

S A	S E	S I	S O	SU
8 26	8 22	8 18	8 12	8 6

R A	R E	R I	R O	R U
9 26	9 22	9 18	9 12	9 6

Letters & Numbers

QUA	QUE	QUI	QUO	QUU
10 6 26	10 6 22	10 6 18	10 6 12	10 6 6

PA	PE	PI	PO	PU
11 26	11 22	11 18	11 12	11 6

OA	OE	OI	OO	OU
12 26	12 22	12 18	12 12	12 6

NA	NE	NI	NO	NU
13 26	13 22	13 18	13 12	13 6

MA	ME	MI	MO	MU
14 26	14 22	14 18	14 12	14 6

LA	LE	LI	LO	LU
15 26	15 22	15 18	15 12	15 6

KA	KE	KI	KO	KU
16 26	16 22	16 18	16 12	16 6

JA	JE	JI	JO	JU
17 26	17 22	17 18	17 12	17 6

IA	IE	II	IO	IU
18 26	18 22	18 18	18 12	18 6

HA	HE	HI	HO	HU
19 26	19 22	19 19	19 12	19 6

G A	G E	G I	G O	G U
20 26	20 22	20 18	20 12	20 6

F A	F E	F I	F O	F U
21 26	21 22	21 18	21 12	21 6

E A	E E	E I	E O	E U
22 26	22 22	22 18	22 12	22 6

D A	D E	D I	D O	D U
23 26	23 22	23 18	23 12	23 6

C A	C E	C I	C O	C U
24 26	24 22	24 18	24 12	24 6

B A	B E	B I	B O	B U
25 26	25 22	25 18	25 12	25 6

A A	A E	A I	A O	A U
26 26	26 22	26 18	26 12	26 6

Roel Pimentel. O

This book is inspired in what I have witnessed with my own two eyes. It is dedicated to my Mother Irma Ortiz Pillardo, my sister Ericela Pimentel and the rest of my family. My uncle; Nicolas Ortiz and Froylan Ortiz. My most sincere thanks to Mrs. Candelaria Arroyo, for helping me make possible the realization of one of my biggest dreams.
One more time I thank God.

ROEL PIMENTEL ORTIZ